JN013821

○×ですぐわかる！

ねんねのお悩み
消えちゃう本

乳幼児睡眠コンサルタント

ねんねママ

（和氣春花）

青春出版社

はじめに

　赤ちゃんに夜通し寝てもらうためには「ねんねトレーニング」をしなくてはいけない？
　その答えはNOです。

　赤ちゃんのねんねの専門家として活動していると、時々いただくのがこういったご質問。
「寝てもらうにはネントレ※をしなくてはいけない？」
「抱っこではなく布団に下ろして寝かしつけすべき？」
「寝室は真っ暗にしていないといけない？」
「ネントレ※するなら昼寝のときも同時にやらないといけない？」

※**ネントレ**…ねんねトレーニングの略。赤ちゃんが自分一人で寝られるように練習させることを指します。

　世の中にはこういう情報、たくさん出ています。中には私のYouTubeを見てくださったうえで、上記のように受け取る方もたくさんいらっしゃると思います。

　でもね、そんなことありません。
「こうしなきゃいけない」なんてことは、育児にはほとんどないのです。

産後はホルモンバランスも乱れて、情緒不安定になりやすいですよね。

　頼れるスマホを片手に検索をすれば、「これはしてはいけない」「こうするのが正しい」という情報がたくさん…。

　それに加えて周囲から「そんなに泣かせてかわいそうじゃない？」「泣かせっぱなしにするとサイレントベビーになるよ」「ネントレしたほうがいいんじゃない？」「抱っこで寝かせていると癖になるよ」などなど、さまざまな育児のウワサ話を吹き込まれ…もうパニックに（第一子出産後の私が、まさにそうでした…）。

　私の運営する「寝かしつけ強化クラス」や個別相談にご相談に来てくださる方も、情報の海に溺れてしまっていた方がたくさんいらっしゃいます。

　私自身もいわゆるネントレ本を出版していますし、YouTubeやインスタグラムで大量の情報を発信し続けている張本人なのですが、赤ちゃんのねんね1つとっても本当にさまざまな専門家がたくさんの情報を出している時代なので、何をどこまでやればいいのか、わからなくなってしまいますよね。

　早くたくさん寝るようになってほしい‼　と必死になるあまり、

● 昼寝を気にしてろくろく外にも出かけられない
● ねんねが乱れるのが怖くて実家にも泊まりにいけない
● 抱っこして寝かしつけることに罪悪感を感じる

　そんなふうにがんじがらめになってしまっている方が増えてきているのではないか、と感じております。

　この本はそんな情報の海に溺れ、「育児はこうすべき」という呪いにかかってしまったあなたを救いたい！　と思って、書きはじめた本です。

　「酸素マスクは親が先」というお話はご存じですか？「飛行機で万が一トラブルが起きて、酸素マスクが降りてきた時、まずは親が装着しましょう」という話です。
　私たちはつい「子どもを助けなきゃ！」と子どもを優先してしまいがちなのですが、そんなことをしている間に親が倒れてしまっては、助けられる子も助けられなくなってしまうのです。

　育児も同じ。親がしっかり息ができることが大事。
　子ども子ども子ども…と頭がいっぱいになってしまいがちですが、ちゃんと呼吸できていますか？

　この本では、赤ちゃんのねんねに関する正しい知識も

伝えます。赤ちゃんがぐっすり寝てくれるようになることは、親を助けることにつながりますからね。

　ですが、それだけではなく、頑張らなくていいこと、やらなくていいこと、手放していいことをたくさんお伝えしていきます。

　子どものために！　と親の息が詰まって、気づいたら倒れてしまっては元も子もないですから。自分をラクにすることも大切にしてほしいのです。

「こうしたほうが赤ちゃんが寝る」というのは、そうなのですが、それを守ることで生活そのものがしづらくなったり、生きづらくなったりしては本末転倒です。

　だから私はこの本を通じて、皆さんに"生きやすさ"を届けたいなと思っています。

　読み終わった後に、少し肩の力が抜けて、気持ちがラクになっていただけたら本望です。

　それでは深呼吸をして、いってらっしゃい。

CONTENTS

「みんなで朝までぐっすり寝たい！」

5章 ねんねと家族 のお悩み、 お答えします！

本文デザイン・DTP：黒田志摩
カバー・本文イラスト：おおたきょうこ

1章

「なんで寝てくれないの…!?」

ねんねの

お悩み、
お答えします!

Question

1

なかなか寝ないのは、寝かせ方が下手だから?

Answer

 寝られないのは赤ちゃんが
寝る力を発揮できていないだけ!
なかなか寝なくても、
ママやパパは自分を責めないで。

Advice

　たいていの方は赤ちゃんがどうすれば快適かを考えてゆらゆら・トントンされているので、その揺れ方や触り方はさほど大きな差ではありません。
　むしろ差があるのは赤ちゃんのほう。気質の差やそのときの**状態の差**が大きいのです。

　多少の音がしていようと、抱いているのが初めましての人だろうと、気にせず眠れてしまう赤ちゃんもいれば、少しの音にも反応して目を覚まし、知らない人では抱かれただけでギャン泣きの赤ちゃんもいます。これは生まれ持った気質の差です。
　そして、状態の差というのは、ちょうど眠くてトロンとした状態、まだ全然眠たくなくて元気モリモリの状態、はたまた眠くなりすぎてパニック状態…のように、いろいろな状態があるということです。

　生まれ持った気質を変えることはできないので、私たち親ができることは**眠りやすい状態を整えてあげること**（※環境の整え方・寝かしつけのタイミングについては巻末付録参照）。寝かしつけのテクニックの上手下手には、そんなに差はないですよ。

決められた
時間に
寝かせないと
かわいそう?

Answer

数字や時計よりも
お子さんの様子がすべて!
「教科書通りにしなきゃ」と気負いすぎ
ないで。

Advice

　育児をしていると色々な目安に出合いますよね。身長体重の目安、授乳量の目安、睡眠時間の目安、離乳食の量の目安…。

　大事なのは、**それらはあくまで「目安」だと理解すること**です。目安とは「目当て。目標。おおよその基準」のこと。その範囲にいなくてはいけないということではないのです。

　睡眠時間については、アメリカ国立睡眠財団の「推奨睡眠時間」が目安になりますが、それを見て「1時間も足りていない」と気にする必要はないのです。

　あまり知られていませんが、実はその前後に適正な睡眠時間という幅もあります。大切なのは**お子さんの機嫌が良いかどうか、元気で健康に過ごせているかどうか**です。

[アメリカ国立睡眠財団　推奨睡眠時間]

月齢	最短適正	推奨	最長適正
0〜3ヶ月	11〜13	14〜17	18〜19
4〜11ヶ月	10〜11	12〜15	16〜18
1〜2歳	9〜10	11〜14	15〜16
3〜5歳	8〜9	10〜13	14

Question

添い乳もしくは
授乳寝落ちは
しちゃダメ?

Answer

 ママが寝ないよう気を付ければ大
丈夫!

育児は常に体力勝負。
頼れるものには頼ってOK!

Advice

「授乳で寝かせていると、クセで夜泣きをする」などと耳にすることもあり、本当はしたくないのに…と思いながらも仕方なく授乳で寝かせている、という方がよくいらっしゃいます。

たしかに、授乳と睡眠が強く結びついてしまうと、ふと目を覚ましたときに「授乳して寝かせて！」と訴えて泣いてしまうようになることは考えられます。でも反対に、**授乳さえすれば寝るからラク、ということもありますよね。その場合はそれでかまいません。**

夜泣きが多くてつらい…、もっと寝るようになってほしい…、という思いが勝るようになったら、**練習すればそのクセはとっていけますよ**（※練習方法は巻末付録参照）。

意志を持って最初から授乳で寝かしつけをしない！　と決めたならそれはクセがつかなくて良いこと。でも、**ラクだから授乳で寝かしつけをしてしまっている…というのも気に病むことではありません。**

ただし、添い乳のままママがうっかり眠ってしまうと赤ちゃんを窒息させてしまいかねないので、そのリスクだけは頭に留めておいてくださいね。

やっと
寝た
……

抱っこで
寝かしつけるのは
ダメ?

Answer

「こう寝かせたらダメ」という**決まりは
ありません!**
布団で寝て欲しくなったら、
練習すればできるようになりますよ♪

Ａｄｖｉｃｅ

　あれはダメ、これはダメ、と考えはじめると、育児はどんどんしんどくなります。**大事なのは子どもの命を守ること、そして、自分の命も守ること**（ストレスでつらくなることを含めて）。それに尽きます。

　だから、ラクならやっていいのです！

　ですが、抱っこで寝かせると、寝たと思って下ろしたあと、「あれ!?　抱っこされてない！」と子どもが気づいて、泣き出してしまうこともあります。それが悩み…という場合は、布団で寝る練習をはじめるいい機会かもしれません。

　また、「いつまで抱っこで寝かせなくてはいけないのだろう？」「重くなってきて、体がしんどいな…」そんなふうに感じたときも、練習のはじめどき。

　大事だから二回書きますが「**抱っこで寝かせたほうがラクなら、それでまったくかまわない**」のです！

　ねんね上手を目指すなら、おすすめは**どこかのタイミングだけ練習を取り入れてみる**こと。１日中練習をするとしんどいので、「夜だけ」それができたら「朝寝だけ」などタイミングを決めて抱っこねんねからできるだけ下ろすように心がけてみるといいですよ！（※練習方法は巻末付録参照）

Question

5

指しゃぶりは
よくないこと?

チュッ
チュッ

Answer

指しゃぶりはとっても自然な行為。
むしろ

セルフねんねには大前進!

Advice

　指しゃぶりは赤ちゃんがママのお腹の中にいると
きからしている、とっても自然な行為です。**自分で
自分の気持ちを落ち着かせようとしている行動で**、
これができるようになると眠たいときも自分で指を
吸って落ち着くことができるようになるので、ねん
ね上手にもグッと近づきます。

　日本小児歯科学会からも**3歳ごろまでは特に禁止
する必要がない**、と伝えられています。そのくらい
の年頃になってもまだ頻繁に指しゃぶりをする場合
は、叱らずにやさしく言い聞かせたり、指しゃぶり
卒業に向けた絵本を読み聞かせたりしていくのが良
いでしょう。

　指しゃぶりが気になる場合、日中はたくさん遊ん
で、気づいたら指しゃぶりしていなかった！　とい
う時間を作ってみるのが第一歩♪
「また指しゃぶりして！」と叱るのではなく、指し
ゃぶりしていなかった瞬間を見つけて「全然してい
なかったね！」などと笑いかけてあげるのも良いで
す◎

　寝るときは手を握ってあげるなどして、指しゃぶ
りをふせいであげるのもおすすめですよ！

うつ伏せ寝は
キケン？

Answer

赤ちゃんは
仰向けに寝かせましょう。
ただし、寝返り返りをマスターしたのな
らその限りではありません。

Advice

　1歳までの赤ちゃんは窒息や乳幼児突然死症候群の予防のため、仰向けに寝かせましょうと呼びかけられています。同時に赤ちゃんの顔が埋まってしまわないように、かためのフラットなマットレスを使用することも推奨されています。

　しかし実際にたくさんの方からお話を聞いていると、うつ伏せ寝が好きなお子さんは多いもの。きっとお腹に何か当たっているほうが安心するのでしょうね。

　もし寝返り返りができるなら、無理に仰向けに戻す必要はありません。アメリカのSafe to Sleepキャンペーンのページにも、うつ伏せになったあと仰向けにまた戻ることができる赤ちゃんであればそのままでも良いとされています。しかし、もしまだ一方向の寝返りしかできない場合は、気づいたら仰向けに戻してあげましょう。

　そしてなにより、うつ伏せになっていても安全な環境を整えておくことが大切ですよ◎（安全な環境の整え方は巻末付録参照）

7

セルフねんねが
できるとえらい？

Answer

「えらい」なんてことはありません！
親がラクなら、
そのままでいいのです。

Advice

　ねんねについて調べるほど、ついつい「セルフねんねさせなきゃ！」という気合いが入りがち。

　でも**「セルフねんねできるとえらい」「できないのはダメ」**なんてことはまったくありません。

　私は**育児で守るべきは「安全性」に限る**と考えます。安全さえ守られていれば、それ以外に「こうすべき」などというものはなく、**すべては親子がそれを続けられるかどうか**、ではないでしょうか？

　無理矢理セルフねんねさせていて続けられますか？　それが親子にとってストレスなら続けられないですよね。

　反対に、毎日添い乳で寝かせることがストレスなら、それは続けられないからもっとラクに寝かせられる方法に切り替えていくと良いでしょう。その1つの選択肢がセルフねんねです。

　セルフねんねが親子ともに続けられるストレスのない方法ならそれもよし、できなくたってなんら問題ありません。

Question

新生児から
ネントレを
はじめたほうが
いい?

Answer

泣かせるようなネントレメソッドは6ヶ
月から! 低月齢のうちから**焦らなくて**
OK◎

Advice

　何を指してネントレと呼ぶかによって答えは変わりますが、「**泣いている赤ちゃんを部屋において退出**」などのネントレは生後6ヶ月以降にしましょう（ネントレ開始の条件はP42参照）。

　ただし、**ねんねのための環境を整えたり、昼寝の長さを意識したり、できるだけ寝る力を発揮させてあげようと意識するのはぜひ新生児からやっておくことを推奨**します（環境の整え方、昼寝の長さの目安は巻末付録を参照）。

　赤ちゃんは元々、自分で寝る力を持っています。でもはじめは、その力の発揮の仕方がわからず、安心できる授乳や抱っこを求めるのです。

　もちろん、授乳や抱っこで寝ることが悪いことではありません。もし早く自分で寝るようになってほしい！　というご希望があれば、隙あらばちょっと布団に置いてみて「寝ないかな？」と様子を見てみる、そんな意識を持つだけでも、赤ちゃんの力の伸び方は変わります！

　無理して親が苦しくなるのは禁物です。無理なく続けられる範囲にしましょうね！

Question

泣かせないと
ねんねは
上手にならない？

Answer

 泣かせなくてもぐっすりねんねは獲
得できます！
泣き止ませてもOK！

Advice

　ギャンギャン泣かせずとも「朝までぐっすり」「セルフねんね」を目指すことは可能です。

　泣いても見守る姿勢は大事ですが、**なにも何十分も何時間もギャン泣きさせるだけがねんね上達の方法ではないのです。**

　たとえば、"泣いたら抱き上げる ➡ 泣き止んだら下ろす"を繰り返すPUPD（Pick Up Put Down）というネントレ方法もあります。これは隙あらば布団に下ろして寝られるように働きかけますが、泣いたら抱き上げるので泣かせたまま放っておく、という時間はほとんどありません。

　また、私が提案している「**10分ネントレ**」という方法（巻末付録参照）も"2〜3分泣く ➡ 抱っこ ➡ 2〜3分泣く"と繰り返していく方法なので、長くギャン泣きさせるようなことはありません。

　抱き上げたりする分、効果が出てくるのに時間がかかりがちですが、低月齢からでも取り組めるやさしい方法なので、泣かせるのが苦手な方にはおすすめですよ。

Question

10

1歳すぎたら
ネントレは無理？

Answer

 幼児さんには**幼児さん向けの方法があります！** あきらめないで〜！

Advice

　赤ちゃん期のネントレ方法が使えるのは**1歳半までが目安**になります。

　1歳半ごろからは自我が強く出てくるため、**本人の意思も尊重しつつ、「こうやって寝るんだ」と子どもが納得して寝られるように持っていくのが重要**になります。

　なぜ寝る方法を変更するのか、どのように変更するのが親の希望なのか、子どもが納得いかない場合は妥協点を探すことも、ときには大事です。

例）

親の希望：「おやすみ」と言って退室し、一人で寝てほしい

子の希望：ずっとそばにいてもらって寝ていたい

妥協案：寝るまではそばにいてあげるから、寝たら親は部屋を出ていく

　➡慣れてきたら徐々に寝入る前に、「お皿洗ってくる」など理由を述べて退室する練習をしていく

※あくまでセルフねんねを希望する場合です！　ネントレはしなくちゃいけないものではないですからね！　かわいい我が子も、いつまでも添い寝してくれるものでもないですし…（涙）。

11

セルフねんねや
夜通し寝が
できるようになっても、
1回崩れたら
努力が水の泡？

Answer

成長や体調にともなって**乱れること**
はあります！

今までの努力が水の泡…ではないの
で、焦らないで。

Advice

　普段は寝かしつけが必要なくとも、夜泣きせず朝までぐっすり寝ていようとも、急成長期や体調不良時はねんねが乱れることがあります。

　でもそれは、その体の状態にともなって乱れが発生しているだけなので、**落ち着いたらまた元に戻すことができますよ。**

　もし仮に、その期間に「抱っこねんねのクセ」など普段しない寝かしつけ方法のクセがついてしまっても大丈夫。

　一段一段、階段をのぼるようにまた元に戻していきましょう。元々できていたことなので、必ずお子さんは寝る力を持っていますよ。

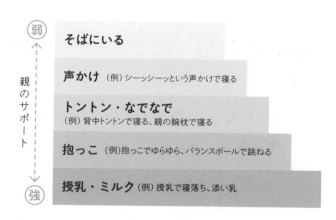

弱

そばにいる

声かけ　（例）シーッシーッという声かけで寝る

トントン・なでなで
（例）背中トントンで寝る、親の腕枕で寝る

抱っこ　（例）抱っこでゆらゆら、バランスボールで跳ねる

授乳・ミルク　（例）授乳で寝落ち、添い乳

強

親のサポート

12

毎日同じ人が
寝かしつけ
しないとダメ?

Answer

 誰でも寝られるにこしたことはありません!

Advice

　赤ちゃんは「いつも通り」が好きなので、いつも
ママが寝かしつけをしているとパパを嫌がる…とい
うことは大いにあり得ます。またその逆も然りです。

　ですが、**"ママとパパが交互に寝かしつけする"と
いうことが赤ちゃんにとってのいつもなのであれば、
それはまったく問題ありません。**
　どちらでも寝られると、どちらかが外出をしても
大丈夫になりますし、負担も分担できますよね！

　「パパじゃイヤ！」と泣いてしまう子も、パパが嫌
いなわけではありません。「ママ"のほうが"いい」
と訴えているだけです。焦らずゆっくり練習してみ
てくださいね。
　P130にパパが寝かしつけできるようになる方法
を解説しています♪

Question 13

たいへん！
起こす時間5分も
すぎちゃった！

起床·就寝時刻は
毎日必ず
同じにしなければ
いけない？

Answer

生活リズムは大事！ でも、毎日きっかり
同じにこだわる必要はナシ！

Advice

　赤ちゃんのころから起きる時間や寝る時間をできるだけ固定してあげることは、生活リズムを作っていくために大切なことです。

　でも「7時って決めたから、どんなときも7時に起こさなきゃ！」と躍起になる必要はありません。**前後30分くらいは許容範囲**とゆるく考えて、前日少し遅くなってしまったり、スヤスヤ気持ち良さそうに寝ているなら少し長めに、反対に早く起きてしまったなら30分前くらいにはリビングに移動してOK、くらいに考えると気持ちもラクになるのではないでしょうか。

　お出かけした日は寝るのが遅くなってしまいがちですが、そんなときでも次の日の朝は決めた時間から30分以内には起こしてリズムを整えてあげましょう！

どうしたら一人で
寝てくれるようになる?

　一人で寝てくれたら(セルフねんねしてくれたら)どれだけ良いだろう…と思う方も少なくないでしょう。

　寝かしつけの必要がなく、一人で寝てくれるようになるために必要なのは、特別な魔法ではありません。地道な積み重ねです。赤ちゃんが持っている寝る力をちょっとずつ引き出してあげることによって、赤ちゃんたちは自分で寝られるようになるのです。

　では、どのようにしてその力を引き出せば良いのでしょうか。

必要なのは「親が見守る」ことです。

　私たち親はついつい(私も含めてですが)「泣いているからあやさなくちゃ!」「泣き止ませなくちゃ!」と思いがちです。

　空腹やおむつの汚れなど何かを訴えている場合は、それに対応してあげるのは言わずもがな大切なことですが、一方で「眠い」「寝かせてほしい」という訴えに対しては、少し見守る時間を作ってあげるのも悪くないのです。

「眠い」と訴えて、毎回すぐに抱っこや授乳をして寝かせてもらえると覚えた赤ちゃんは、眠くなると常にそれを求めるようになります。しかし、見守って「頑張って自分で寝てみようね」というチャレンジの時間を作ってあげると、自分で寝る力を身につけていけるのです。

この「見守り」は「放置」とは異なります。泣いているのに放置するのではなく、安全で落ち着ける整った環境の中で、危険や緊急性があればいつでも駆けつけられるようにして見守る、ということです。

見守りの時間は、新生児のころから少しずつ無理のない範囲で（2〜3分など）続けていくのが推奨なのですが、6ヶ月をすぎてネントレが可能になってくれば、時間を長くすることも可能になります。

例えば、ファーバーメソッドという世界的に有名な方法（部屋から入退室する方法※具体的には巻末付録参照）では、寝室の外に出て3分待機➡入室して声かけ➡5分待機➡入室して声かけ➡10分待機…などと時間の間隔を伸ばしながら、自分で寝入るのを待ちます。

このような機会を用意することで、赤ちゃんたちに自分で寝る力を発揮する方法を覚えていってもらうことができます。

こうした方法をとらずとも、力を発揮して自分で寝てくれる子も一定数いるので、友人知人の子と比較してしまって「なんでここまでしなきゃいけないのだろう…」と悩んでしまうこともあるかもしれません。でも赤ちゃんも大人も一人ひとり個性が違うので、世界でたった一人の大切な子の個性だと思って、ちょっとずつ地道な努力を積み重ねていただければと思います。

ネントレができる条件

★生後6ヶ月以上（早産の場合は修正月齢）
★体重が右肩上がりに増えており、成長曲線内にいること
★持病や通院中の病気がないこと（医師の指示を仰いでください）
★安全な睡眠環境が整えられていること
★月齢にあったお昼寝がとれていること
★就寝前の連続起床時間が長すぎていないこと
★最低3週間は旅行や保育園入園などの環境変化がないこと

2章

「夜中にギャン泣き…。どうしよう」

夜泣きの
お悩み、
お答えします!

Question
14

夜泣きは即、
泣き止ませるべき？

Answer

泣いているということは、生きているということ！ 焦らず、もしできるなら少しだけ **見守ってあげてくださいね。**

Advice

　近所へのご迷惑や家族が起きてしまうことを考えると、夜中の泣き声はすぐに泣き止ませないと…と考えるのは仕方のないこと。ですが、もし可能であれば**2～3分でも良いので様子をみる時間を作ってあげるのはおすすめです。**

「寝言泣き」といって、頭は寝ているのに声が出ていることもあります。その場合、少し待つと自分で泣き止んで寝られることもあります。

　もちろん、一瞬たりとも泣き声に耐えられない～！　ということなら、サポートに入ることにも罪悪感を感じないでくださいね。成長と共に自然に寝るようになることもありますし、「やっぱり耐えられないから改善しよう！」と決めたなら、そのとき気合い入れて頑張ればいいのです！　前々からそれを憂いて、ストレスを感じる必要はありませんよ♪

15

泣かせっぱなしにすると、サイレントベビーになる?

 日常的に**声かけやお世話をしていれば大丈夫!** 怖がりすぎないで!

Advice

そもそも「サイレントベビー」という言葉は医学用語ではありません。泣かせっぱなしにすると赤ちゃんがあきらめて、何も訴えなくなる、ということは相当のこと（お腹が空いても授乳してもらえず、おむつも替えてもらえない、笑いかけたり話しかけたりしてもらったことがない等）がないと考えづらいです。

ネントレは夜中に泣いても対応してもらえない、と学習して泣かないようにしていく方法ではありますが、これは本来寝る時間であるという人間の基本の生活リズムを教えているにすぎません。日中にしっかり笑いかけたり、お世話をしてあげたりしていれば、赤ちゃんはちゃんと親からの愛情を受けとっています。

「ネントレによって親子の愛着形成に悪影響がない」という研究論文も出ていますので、安心して取り組んでくださいね。

Question

16

夜泣きを
なくすためには
夜間断乳
したほうがいい？

Answer

 夜間授乳を残したままでも、夜泣き
は改善できます！

Advice

「夜泣きをなくす＝夜間断乳」というわけではありません。夜間授乳を残しても、授乳以外では起きないように導いていけます。生後6ヶ月ごろまでは栄養的に必要なことが多いため、自然に夜間授乳がなくなった場合を除き、無理に夜間断乳するのは避けましょう。

改善のためのポイントは2つ。

①就寝時は授乳以外で寝る練習をすること

最も眠る力が強いタイミングなので、抱っこやトントンなど授乳以外で寝る方法を練習していきましょう。時間はかかるかもしれませんが、赤ちゃんは高い学習能力を持っているので、ルールを徹底していれば寝られる術を身につけてくれます。

②授乳ではないタイミングで起きても授乳をしない

最初は抱っこをしてもかまいませんので、とにかく「授乳以外でも寝られる」ということを教えてあげましょう。慣れたらできるだけ抱っこをしないように、下ろしてトントンする時間を長くしていきましょう。

＜夜間断乳の条件＞

★生後6ヶ月以上（9ヶ月ごろまでは医師の判断を仰ぐことを推奨）
★成長・発達が順調、発育曲線の幅内で曲線に沿って増えている
★健康状態に問題がない
★麦茶や水など他の水分が補給できている

17

夜泣きをしたら昼寝でカバーすべき?

Answer

カバーしようと思わなくてOK!

あまりに眠そうなら多少おまけしてあげて。

Advice

　夜泣きをたくさんしていると睡眠不足が心配で、昼寝でカバーしようと思われる方も多いのですが、その必要はありません。

　夜の睡眠不足をカバーするように、昼寝を必要以上にたくさんするリズムが身についてしまうと、どんどん夜寝ないリズムが定着してしまう可能性もあります。もちろん睡眠不足が心配だったり、赤ちゃんが眠そうにしたりしている場合はいつもより少しおまけしてもかまいませんが、**合言葉は「できる限りいつも通りに」**。おまけは30分程度に留められると良いでしょう（あくまで目安ですよ！　気負いすぎないで！）。

　これは早朝に起きてしまった時も同じ。**「早く起きたから早く寝かせなきゃ」**ではなく、できる限りいつもの朝寝の時間から寝られるようにして、リズムを取り戻すように働きかけてみると良いでしょう。

Question

18

夜中に1～2時間
覚醒してしまうのは、

昼寝のしすぎが
原因？

Answer

その可能性は高い！

けれども、断定はできません。それ以外
の可能性も要チェック。

Advice

　夜中に1時間も2時間も元気に起きてなかなか寝ない場合、**昼寝が長かったり、就寝時間として設定されている時間が長すぎたりして寝切れなくなっている可能性**があります。

　1日トータルの睡眠時間の目安は0〜3ヶ月で14〜17時間、4〜11ヶ月で12〜15時間、1〜2歳で11〜14時間です※。ですが、この範囲内ならなんでもOK！　ということではなく、その子なりの寝られる時間が存在します。仮に12時間で満足なお子さんが、3時間お昼寝したうえに、19時就寝で7時に起床した場合、自分の必要としているよりも3時間多く寝るということになりますよね。すると、寝切れなくなって夜中に2〜3時間起きてしまう…ということにつながってしまうのです。

　それ以外にも、電気がついていたり（豆電球含め天井など、寝ていても直接目に入る範囲のライトは要注意）、カーテンから明かりが漏れていたり、ドアから隣の部屋の明かりが漏れていたりするのも、覚醒要因になりますので、チェックしてみてくださいね。

※出典：アメリカ国立睡眠財団

Question

19

夜間断乳をしたら、
代わりに
白湯や麦茶を
飲ませたほうが
いい?

Answer

 夜中も飲ませなきゃ! と思う必要は
ありません。寝る前に母乳やミル
クをたっぷり飲ませてあげれば
OK。

Advice

　夜間断乳ができるような成長状況であれば（夜間断乳の条件はP49参照）、**必ずしも夜間授乳の代わりに白湯や麦茶は必要ありません。**夜間断乳時の赤ちゃんは、それまで習慣になっていた授乳での寝かしつけを求めて泣いていることがほとんどなので、マグを差し出しても「それじゃない！」と余計に怒ってしまうことも考えられます。

　大切なのは寝る前にしっかり水分を補給させること。喉が渇くようなら水分補給として夜中に白湯やお茶を飲むことも必要ですし、**飲んで落ち着けるなら飲ませてもOK**ですが、授乳の代わりに必須と考える必要はありませんよ。

　もし、背中を触ってしっとりするほど汗をかくようなことがあれば、それは部屋が暑いか着るものが多いので、調節してあげると良いでしょう（睡眠環境の整え方は巻末付録参照）。

20

たいへん！
オムツ
オムツ！

夜中に泣いたら
毎回おむつを
替えるべき？

Answer

うんちをしていないなら、
替えなくてOK!

Advice

　授乳のたびにおむつ替えをする必要はありません。
うんちをしていたり、替えないと漏れてしまいそう
な場合だけ替えましょう。

　おむつ替えをすると明かりをつけたり赤ちゃんの
身体に触れたりすることになるので、赤ちゃんを起
こしてしまいかねません。一度覚醒してしまうと、
また寝かしつけるのが大変に…。ぜひ、寝ていても
らいましょう！

　おしっこ漏れの対策としては、夜だけ大きいサイ
ズのおむつを穿かせたり、おしっこライナーを使用
したり、夜用の吸収力の高いおむつを穿かせたりす
る手段がありますよ。

　とはいえ、「絶対に替えてはいけない！」という
ものでは決してありません。替える必要があると感
じるなら、起こさないように、そうっと替えてあげ
てくださいね。

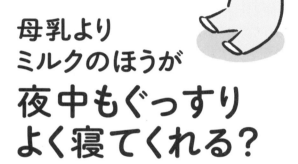

母乳より
ミルクのほうが
夜中もぐっすり
よく寝てくれる?

Answer

そうとは限りません!
習慣的な部分のほうが大きいかも。

Advice

　腹持ち、という点においてはミルクのほうが良いとは言われていますよね。しかし、ミルクか母乳かの差が夜泣きの回数にまで影響を及ぼすかと言われると少々疑問です。

　ミルク育児の場合、夜中に赤ちゃんが泣いたときにまず「3時間経っているか」ということを確認し、経っていなければミルク以外の方法で対応している方が多いもの。

　一方で母乳育児の場合は、赤ちゃんが泣いたらとりあえずおっぱいを差し出す、添い乳をする、などの対応をされている方も少なくないでしょう。

　すると、ミルク育児の子は「夜中に起きたとき、毎回授乳で寝るわけではない」という学習ができるのですが、**すぐに母乳を飲ませてもらえる子にとっては「夜中に目が覚めたら必ず毎回おっぱいを吸いながら寝るものだ」という学習をしてしまう可能性が高まる**のです。この習慣の差が夜泣きの回数に影響している可能性はあります。

　もちろん母乳の量の問題もありますので、ミルクを足したほうがよく寝てくれるのであれば、それもぐっすり寝てもらうための1つの手段ですよ！

Question

22

ぐっすり寝てもらうために、寝る前に運動をさせるといい?

Answer

激しい運動はむしろ、逆効果になってしまうかも!

運動は夕方くらいまでにしましょう。

Advice

　寝る直前に飛んだり跳ねたり走ったり…というような激しい運動をしてしまうと、身体が活動モードになってしまって眠りづらくなってしまいます。

　寝る前は心も体もゆるめて、リラックスモードになるのが大事。激しい動きはできるだけ避けて（とはいえ、子どもって動いてしまう生き物ですけれどもね！）、ゆったり過ごすように心がけてみてください。

　絵本を読む、触れ合い遊び（手遊び歌、マッサージなど）をするのもコミュニケーション・スキンシップが取れて、子どもは安心して幸せな気持ちで眠りに向かいやすくなりますよ♪
　運動は、朝〜夕方くらいまでの間にぜひ、たくさんしておいてくださいね！

Question
23

早朝に起きてしまうなら、
就寝時間を
遅くすべき?

Answer

そうとも限りません!
他の要因もチェックしてみて。

Advice

　早く寝すぎても早起きしてしまう可能性はもちろんあります。しかし、早朝に起きてしまう原因はそれだけではありません。よくあるケースは「**光漏れ**」「**疲れすぎ**」の2点です。

　カーテンの隙間やドアの隙間から光が入っていると、赤ちゃんはそれを見て「朝だ、起きる時間だ」と勘違いしてしまうかも。もし心当たりがあるなら、カーテンの隙間をタオルで埋めたり面ファスナーなどでピタッと留めたりして塞（ふさ）ぎましょう（※なしでも寝るなら外してかまいませんよ！

　また、昼寝が少なすぎたり、就寝前の起きている時間が長すぎたりすると疲れすぎた状態で眠りにつくことになり、その影響で睡眠の質が下がって、朝方の眠りが浅くなる時間には寝続けられなくなってしまう、ということも起こり得ます。

　おおまかな見分け方としては、「**機嫌良く早朝に起きる→寝る時間を遅くする**」「**泣いて早朝に起きる→まだ寝足りないのに起きている（＝光漏れや疲れすぎなど眠りを妨げる要因がある）**」と考えていただくとわかりやすいです！

Question

24

1歳すぎても
夜泣きを
しているのは
おかしい?

Answer

おかしくはないです! つらいなら、
改善の道を探しましょう。

Advice

　ある調査※では「夜泣きがおさまった月齢」を聞いたところ1番多かった回答は「13カ月〜18カ月」で、最も遅かった人は「4歳」という結果でした。それくらい夜泣きをする時期には個人差があるものなのです。

　1歳をすぎて泣いていても「おかしい」などということはまったくありません。

　ただし、泣いている原因はどこかに潜んでいるでしょう。暑い・寒い、何かが光っていて目が冴えてしまうなどの理由だったり、寝かしつけのクセで抱っこや授乳をされないと再入眠できなかったりなどの理由が考えられます。これらは改善していくことが可能ですので、朝までぐっすりを目指したいなら、ねんね改善に取り組むことをおすすめします。

　「私さえ我慢すれば…」なんて、思わないでくださいね!!

※株式会社エム・ティー・アイ「乳幼児の夜泣きについて」の調査

朝までぐっすり
寝てもらうには？

夜中に何度も目を覚ますのは、実はとっても普通なこと。

私たち大人も、何度も軽く目を覚ましているのです。その際、無意識にエアコンのリモコンを手に取って調節したり、寝返りをうったりして、また眠りにつきます。

しかし赤ちゃんたちは、大人のように上手に再入眠ができないため、「起きちゃったよ！　まだ眠いよ、寝かせて〜！」と泣いてアピールするのです。

寝るのが上手な赤ちゃんはここで再度自分の力で眠ることができ、夜中に起きて泣くことなく、ぐっすり朝まで眠ることができます。

つまり、夜泣きする子としない子の差はこの「再入眠」できる力があるかどうかなのです。

朝までぐっすり寝てもらうには、再入眠できる力を身につけることが重要です。

★STEP 0 ：眠りを妨げるものをなくす

　まずは眠りを妨げるものをなくしましょう。睡眠環境と
生活リズムを整えて（※巻末付録参照）自分で眠れるため
の土台を整えます。

★STEP 1 ：自分で寝る練習

　最も眠りやすい時間帯は最初の就寝時です。まずは夜中
ではなく、最初の就寝時にできるだけ親のサポート少なく、
自分の力で寝るように練習をしていきます。

授乳 ➡ 抱っこ ➡ トントン／なでなで ➡ 声かけ ➡ そばに
いる

　という順番をイメージしてサポート度合いを下げていき
ましょう（※巻末付録「抱っこで寝かしつけ卒業STEP」「添
い乳ねんね卒業STEP」も参照）。

★STEP 2 ：夜中にも力を発揮

　就寝時にできるだけ自分で寝る感覚を身につけられたら、
その力を夜中にも発揮してほしい旨を説明して伝えます
（言葉がわからなくても説明することはとても大事）。そし
て、夜中に起きたとき（特に24時以前は眠る力が強くて
練習しやすいチャンス）にできるだけサポートを少なく、
自分の力で眠りにつくように見守ります。これができるよ
うになると、親のサポートを受けずとも朝まで眠ることが
可能になります。

※夜間授乳の必要なお子さんは授乳をしてあげましょう

　生後6ヶ月をすぎて、夜間授乳がなくとも栄養が摂れるようになれば夜間断乳を検討できます（条件はP49参照）。

　夜間断乳をする際は、しっかりと事前に説明・予告をして、寝る前にたっぷり授乳をしてあげます。そのうえで、夜中は泣いても飲ませないルールを徹底することが成功のコツです。

　ここで親が折れて「あんまり泣くからおっぱいを飲ませてあげよう…」とルール変更をしてしまうと、赤ちゃんは「頑張って泣いたら飲ませてくれた」という学習をして、次からもっと頑張って泣くようになってしまいかねません。重要なのは決めたルールを貫き通すことです。

　そうはいっても、いきなり完全に夜間断乳をすることに抵抗がある方もいらっしゃるでしょうし、6ヶ月ごろまでは夜間授乳が必要という場合がほとんどです。そういった場合は、ゆるく夜間断乳するという方法もあります。

　時間を決めて、1度（ないしは2度）の授乳のみにすることを「ゆる夜間断乳」と呼んでいます。不安がある方、月齢がまだ達していない方はここからはじめることをおすすめします。

3 章

「ちゃんとお昼寝させないとダメ?」

昼寝の
お悩み、
お答えします!

25

昼寝をしすぎると
夜眠れなくなる？

Answer

よくある勘違い！
**昼寝が少なすぎると寝ぐずりや
夜泣きの原因**になります。

Advice

「夜ぐっすり寝てほしいから、なるべく昼は寝かせ
ないようにしよう」と考える方も多いのですが、特
に夜泣きや寝る前のギャン泣きに悩んでいる場合、
これは逆効果になる可能性が高いのです。

　赤ちゃんは大人のように長い時間起きていること
ができず、ある程度の昼寝が必要です。**昼寝が足り
ないと疲れすぎて、脳の状態が眠りづらい状態にな
ってしまいます。**すると、ギャン泣きして寝ぐずり
したり、夜泣きをしたりということにつながります。

　もちろん昼寝を長くしすぎても夜に起きだしてし
まう原因にはなるのですが、何事も適切な量が大切
です！

※月齢別の1日の合計昼寝時間の目安は巻末付録を参照

昼寝が
少ないのは
かわいそう?

本人が元気ならそれでOK!

我が子をかわいそうに思って自分を責めたり、追い詰めたりしないで!

Advice

「昼寝をうまくさせてあげられなくて、子どもがかわいそうで」というご相談をよくいただきます。私も経験があるので、とても気持ちがわかります。

けれど、どうか「**私のせいで子どもがかわいそう**」と思わないでください。昼寝の時間の目安などは巻末付録でご紹介していますが、**数字よりもまずは目の前の子を見てください**。元気そうに笑っていれば、それで良いのです。必要な睡眠量は個人差も大きいものです（明石家さんまさんは「寝ない男」なんて言われたりもしますよね）。数字に合わせにいく必要はありません。

ただし、機嫌が悪かったり夜泣きをしたり、眠そうにしたりしているなら、どうしたらもう少し長く寝られるかな？　と考えてみることは大切。

ベッドに置いて寝かせなきゃ！　と頑張りすぎていませんか？　抱っこ紐のほうが寝ていられるなら、まずはそれで睡眠時間を稼いであげることだって大事ですよ。そばにいれば長く寝てくれるなら、家事は放り出して一緒に寝ることを選んでみませんか？それ以外も昼寝ぐっすりのための方法はP92にも書いてありますので、試してみてくださいね。

1日中ゆらゆらしても
うまく寝かせられない、
こんなのは
ダメな親？

Answer

もう十分、
とっても頑張っています！
「こうしなきゃ」を捨ててみて。

Advice

「昼寝をたくさんさせなくちゃ…」「暗いところで寝かせてあげなくちゃ…」そう思えば思うほど、暗い部屋にこもりっきりで1日中寝かしつけしているような生活になってしまいますよね。一生懸命、育児本などで学ばれている方にこそ多い現象です。

でもそうすると、鬱々としてしまうもの。人間は、**太陽にあたるとセロトニンという幸せホルモンが分泌されて、明るく前向きに元気になれる**のです。だから、外に出ること・明るいところで楽しいことをして過ごす時間だって、回り回って育児のために、お子さんに笑顔で接するために大切なのです。

外の風に吹かれたほうが気持ち良く眠れる子もいます。お散歩をしてママやパパが鼻歌でもうたってニコニコしているほうが、リラックスして赤ちゃんも眠れることだってあります。

もし1日中こもりっきりで鬱々とするなら、外に出てみたり、カーテンを開けた部屋で歌でもうたいながら抱っこで揺らしてみたりしてください。学びも大切ですが、それ以上に大切なのは臨機応変さ！自分の笑顔を守ることも大切ですよ。

Question

28

昼寝は
明るいところで
したほうがいい？

Answer

 昼夜の違いを覚えたら、
真っ暗の部屋のほうが落ち着いて寝られます。

　生まれたての赤ちゃんは昼夜の区別がわかりません。そのような時期は、昼は明るいところ、夜は暗いところで過ごして昼夜のリズムをつかむのが大切です。

　昼寝をするのも、リビングなどある程度の明るさがあり、生活音がするところがおすすめです（ただし、そのような場所ではお布団に下りると長く寝続けられないことが多いです）。

　しかし、**生後１ヶ月半〜遅くとも３ヶ月くらいまでの間には赤ちゃんは、昼は起きる時間で夜は寝る時間だということを覚えてきます。** 昼夜の区別がついたと感じたら、昼寝も落ち着いて寝られる真っ暗な寝室でするようにすると、長く寝続けてくれる可能性が上がりますよ。

＜「昼夜の区別がついた」と判断する基準＞

★日中 → 数時間単位でしっかり起きていられる時間がある
★夜中 → 「目が覚めても授乳をしたらまたすぐに寝つく」など、
　　　　長時間起き続ける状態がない

Question

29

毎日
決まった時間に
昼寝を
させるべき?

Answer

 そうできたらベター! ではあるけれど、
こだわりすぎは禁物。

Advice

　生活リズムを整えるという意味では毎日同じ時間に寝起きして、同じ時間に昼寝をしているほうが望ましくはあります。しかし、それにこだわりすぎるがあまり、赤ちゃん本人の"今日の疲れ度合い"を見落としてしまったり、時間を揃えることに躍起になってイライラしてしまったりしては本末転倒。だから、こだわりすぎる必要はありません。時計とスマホばかり見て育児するのは、しんどいですよね。

　特に生後6ヶ月ごろまでの赤ちゃんは毎日バラバラの時間に寝起きをしている子が多い時期。揃えようとしても月齢的に難しいこともあるので、無理しすぎないようにしましょう。

　また、それ以降の月齢であっても、**毎日きっかり同じ時間だけ昼寝をするのは難しい**ですよね（赤ちゃんはロボットではないですからね！）。

　どんなときでも「こうすべき」と理想を追い求める育児は親自身を苦しめます。大切なのは"生活のしやすさ"ですので、息苦しいなと思ったら力が入りすぎていないか、深呼吸して振り返ってみてくださいね。

Question
30

寝ちゃ
ダメ!
っっ

15時以降は
昼寝をさせては
いけない?

Answer

「させてはいけない」ということはありません。月齢によっては、させないと夜泣きにつながるので注意!

Advice

　1歳半ごろになり、昼寝が1回になってからは、昼寝を切り上げる目安は15時ごろと考えて良いでしょう。しかし、**15時以降に昼寝してはいけないということはありません。** 遊びに夢中で昼寝開始が遅くなってしまった場合は短めに切り上げるなど、その都度工夫すれば大丈夫◎

　反対に**0歳のうちから「○時以降にお昼寝をさせないように！」と考えていると夜泣きの原因になりかねないので注意が必要です。**

　例えば生後3ヶ月の子が機嫌良く起きていられる時間は1時間半程度が目安（月齢別の目安は巻末付録参照）。すると、21時就寝の場合は19時半までお昼寝をしていないと疲れすぎてしまうことになります。

　疲れすぎると睡眠の質が悪くなったり、夜泣きの原因になったりするので、しっかりと適切にお昼寝をとることこそがぐっすりねんねの秘訣ですよ！

Question
31

昼寝のリズムが
乱れるから、
外出は控えたほう
がいい？

Answer

外に出るのもとても大事なこと！
ぜひお出かけしてください♪

Advice

　赤ちゃん連れだと外出も一苦労。さらに外ではうまく寝てくれないとなると「もう面倒だから1日中家で過ごしていようかな…」「あぁ今日も1日どこにも行かず、暗くなってしまった。私は一体何をしていたんだろう？」なんて思ってしまうこともしばしば。

　そうなりがちだからこそ、積極的に気軽に外出することをおすすめします。手ぶらでできる範囲の近所のお散歩でもかまいません。**日光にあたると幸せホルモンが分泌され、生活リズムも整いやすくなります。**

　もしもお昼寝がうまくできなくても、それは仕方ない！ そういう考え方も大切です。20〜30分でも寝られたら上出来、その代わり早めに帰宅して夕方に長めに寝かせよう、などと調整してあげれば良いのです。

　睡眠時間は1日ごとに点数化するものではありません（そもそも点数化しなくてよいのですが…）。もし今日がお出かけで睡眠不足なら、明日・明後日でゆっくり過ごしてカバーすれば良いのです♪

32

夜にネントレをするなら、昼もやらないと意味がない？

Answer

まずは夜に注力します！
お昼寝は今までの方法で良いので、
しっかり寝ることが大事♪

Advice

　一生懸命な方ほど「夜にネントレするなら一貫して昼もしなければ！」と思ってしまいがちなのですが、まずは夜だけに注力しましょう。

　新しい能力を獲得するのは赤ちゃんにとっても大仕事。**眠りへの力が最も強い夜の時間帯で、万全の状態（昼寝がしっかりできている状態）で練習できるように整えましょう。**

　昼と夜が別であることは赤ちゃんもわかっています。体内時計もありますし、赤ちゃんたちは賢いので、昼と夜が別の寝方であっても、それは理解して区別できます。心配しすぎず、夜に集中して練習し、昼はたくさんスキンシップして甘えさせてあげてくださいね。

　昼も一人で寝られるように練習をしていきたい場合、まず夜で力をつけて。その力を持って「朝寝→昼寝→夕寝」の順番に練習することをおすすめします！（この順番は絶対ではないですけれどもね！）

昼寝を抱っこで 寝かせると、 夜も抱っこを 求めるようになる？

Answer

昼と夜は区別できます。
一貫しなきゃと頑張りすぎないで!

Advice

　Q32でも記載しましたが、**赤ちゃんは賢いので昼と夜が違うことは判断ができます**（目安生後1ヶ月半～3ヶ月頃には昼夜の区別が可能に）。

　昼も夜も、抱っこや授乳などなく一人で寝られるなら、もちろんそのねんね力は確かなものとなるでしょう。しかし、**"統一していなければいけない"**ということではありません。

　むしろ、**1日の中でどこか1回だけでも"抱っこなしで寝られる"という力をつけているだけで**、経験値は確実に積めています！　すべての時間帯で抱っこ、よりも大きく前進しているのです。
　まずは、どこか1回だけ（夜が眠りやすいのでおすすめ）練習をして、上手くなってきたら他の時間帯にも応用していく方法が、スムーズでおすすめですよ♪

Question
34

体調不良のときは
昼寝が長くても
いい？

Answer

 体調回復のために1番大事なのは
睡眠！
たくさん寝かせてあげましょう。

Advice

　1に睡眠、2になんちゃら…と言いますよね。体調回復には睡眠が大事！

　具合が悪いときまで生活リズムを整えることを意識する必要はありません。大人も具合が悪いときはぐったりして寝込んでしまうものですよね。赤ちゃんだって子どもだって同じです。

　たっぷりお昼寝をして、回復を図りましょう。

　ただし、昼に眠りすぎて夜に元気に遊び回ってしまうほど回復している場合は、昼寝を声かけして起こすなど少し調整してあげても良いでしょう。

　また、体調不良のときはいつも通りの寝かしつけで寝られなくても仕方ありません。「クセがついちゃう！」と焦らず、甘えさせてあげましょう。

　体調が回復次第、P35にあるステップを意識して、一段ずつ元の寝かしつけ方法に戻していくように心がけてみてください。元々できていた寝かしつけ方法には、必ず戻れますよ！

Question

35

保育園と昼寝の
スケジュールは
合わせるべき?

Answer

合わせなくてもOK!
おうちではその子にあったリズムにして
あげましょう。

Advice

　保育園は集団生活のため、ある程度は園のリズムに合わせて生活することになります。そのため、まだ本当はお昼寝が2回必要な子も1回のリズムに合わせて生活していたりすることも。

　もしそのように園では本来のリズムでなく生活している場合、**休日は本当にその子の体に合ったリズムで生活してあげるほうがおすすめ**。平日と休日で昼寝のリズムが違うことは気にする必要はないので、求めるように寝かせてあげてくださいね♪（※起床と就寝の時間はできるだけ統一するのが推奨です！無理ない範囲で！）

　また反対に、幼児期になってくると「保育園では12時半からお昼寝をしているのに、休日はまったく寝ようとしない」というお悩みも出てきます。そんなときも無理して園に合わせずOK。せっかくの休日、ママやパパと過ごせるから起きて遊びたい気持ちもあるでしょう。限界まで疲れた〜となってから眠るほうが、スムーズに眠ってくれますよね！　昼寝開始が15時以降になるなど遅くなる場合は、就寝時刻への影響を少なくするため、いつもより短めに切り上げることをおすすめします◎

お昼寝をさせても
すぐ起きてしまう…。
どうすればいい?

　一生懸命抱っこして、時間をかけてなんとかお昼寝させたのに30分で起きてしまった…となるとがっかりしてしまいますよね。

　この「30分や40分で昼寝から起きてしまう」というお悩みは、とても多いのです。実はこの30～40分という時間には理由があります。

★昼寝が30～40分になりやすい理由

　その理由は、睡眠サイクルにあります。眠りには波のようなサイクルがあり、昼寝の場合はそれが30～40分程度で1サイクルとなり、そこで眠りが浅くなる（軽く目が覚める）のです。

　その際、自分で眠る力を持っていれば再度眠りに戻って次のサイクルに入ることができるのですが、自分では眠れない（授乳や抱っこなど誰かのサポートが必要）と泣いて起きてしまうことにつながります。

昼寝を長くできるようにするコツ

①眠りやすい環境を整える

　お昼寝は夜と混同しないために明るいところで…とされている方も多いのですが、これは眠りを短くしてしまう大

きな要因。

　生後1ヶ月半〜遅くとも3ヶ月くらいには昼夜の区別が
つくようになり、昼は起きて夜は寝る時間として生活する
ようになります。そうなった以降は昼寝も暗い部屋でした
ほうが落ち着いて長く寝ることができます。

　また、生活音が気になるようならホワイトノイズを活用
するのもおすすめ。昼寝の間だけなら一時的に少し大きめ
の音（60dB程度）に設定しても良いでしょう。

　夏は日中特に暑くなりがちなので、部屋の温度管理にも
気を配りましょう。汗ばむようなら寝苦しい証拠ですので、
エアコンなどを活用して室温を下げてあげましょう。

②適度な疲れ

　赤ちゃんは疲れすぎても眠りは浅くなってしまうのです
が、反対に疲れていなくても眠ることはできません。仮に
ゆらゆらが心地よくて寝てしまっても、実はそんなに眠く
なかったからあっという間に起きてしまう…という結果に
なりがち。

　疲れすぎていないか観察をしつつ（疲れてくると機嫌が
悪くなり、癇癪を起こしやすくなるのが特徴です）、「早め
に寝かせなければ！」と焦るのではなく、あくびや目をこ
するなど眠たそうな仕草が見えてから寝かしつけしてみま
しょう。

　また、大人もそうですが太陽に当たったり適度な運動を

したりすると心地良い疲れが生まれてよく眠れますよね。
赤ちゃんも子どもも同じです。

　特に午前中の活動量を多くして、日の光をたくさん浴びることで昼寝はぐっすり眠れるようになります。ぜひ積極的に散歩に出かけてみてください。

③昼寝をすることに納得をさせる

　寝る前にぐずった場合に多いのですが、寝ることに納得しておらず「まだ遊びたいと思っていたのに！」などと泣いて訴えながら寝た場合は、30〜40分して眠りが浅くなったときに「そうだ！　寝るつもりなかったんだ！」とまた泣き出しやすくなります。

　「今から昼寝をするぞ」と納得していたほうが眠りもスムーズになりやすいので、納得感を持たせられるように誘導をしていきましょう。

　いつも同じ流れで寝る準備（ルーティーン）をしたり、寝室に入ってからも眠りに誘導するための時間（マッサージや歌など）を設けたり、少し月齢の高いお子さんには「お昼寝前に最後に遊ぶのどっちにする？」などと言っておもちゃを選んでもらったりして、寝ることへの納得感を高めていきます。

④寝た時と起きた時の環境を同じにする

　1サイクル経って浅く覚醒したときに、寝たときと変わっている要素があると驚いて起きやすくなってしまいます。

例えば、抱っこで寝たはずが下ろされている、ママが隣にいたはずなのにいなくなっている、リビングで寝たはずなのに寝室にいる、などがその変化に当たります。

　この変化を少なくするためには、できるだけ寝たときと状況が変わらないように、

・はじめから寝室で寝る
・できるだけ布団に下りた状態で入眠する（完全に入眠する前に下ろす）
・そばにいる存在感を薄めていく

　などの練習をしていくことが有効です。

　部屋を出ていくつもりならその旨を説明し（赤ちゃんにでも説明は大事です）、なるべく存在感を薄めるように添い寝ではなく座ってそばにいるようにしたり、トントンの手をなるべく間隔をあけて徐々に止めるように働きかけたり、抱っこで完全に寝てしまう前に着地させて寝るように促してみたり、それぞれの段階に合わせて1歩ずつでも親のサポートを薄めていきましょう。

　寝返り前のお子さんなら、おくるみを活用するのも環境変化を少なくするのに有効ですよ。

起きてしまった時の対処法

　もしも30〜40分で起きてしまった場合、再度寝かしつけたほうが良いかはその時の様子で対処が変わります。

★機嫌が良い場合

　すっきり起きている場合はそのまま起こしてしまってOK！

　実は、30分程度でもかなり疲れは取れて回復できています。次は少しだけ早く眠くなる可能性もありますが「早めに寝かせないと！」と焦る必要はないので、眠そうだったら早く寝かせるくらいの気持ちで観察してみてくださいね。

★機嫌が悪い場合

　まだ眠そうに泣いているなら、まずは続きが寝られるかどうか寝かしつけてみてください。その際、少し寝た分もう眠気が薄まって眠る力が小さくなっているので、最初の寝かしつけよりも手厚くしないと寝られない可能性は高いです。抱っこでゆらゆらなど手厚めのサポートをしてみてください。

　それでももう眠れなそうな場合は、思い切って一度起きてOK！　気分が変わるように遊んだり、散歩に出たりしてみましょう。

4章

「寝てくれるなら、なんでもします！」

ねんねの
お部屋の
お悩み、
お答えします！

添い寝はダメ?

Answer

ダメではありません。
**安全に幸せな添い寝を楽しん
でください。**

Advice

　添い寝自体がいけないことではありません。お子さんと一緒に寝て、その寝息を感じる…とても幸せな時間です。

　ただし、安全性の面では注意が必要なこともあります。大人のベッドでの添い寝は転落や窒息のリスクが多くあるため、避けなければなりません。

　添い寝をするなら高さのないお布団で、大人とは別の布団を用意しましょう。 赤ちゃん用は固めでしっかりとしたものが良いでしょう。大人の掛け布団がかかってしまわないように、寝床を分けて注意しましょう。

　そういった安全面に配慮ができていれば、添い寝を楽しむことはとても素敵な時間だと思います。

　添い寝をしているせいで頻繁に起きてしまう、寝つきが悪い、など悩みが出てくるようであれば、寝床を分ける・寝かしつけのサポート度合いを下げるなどして、少しずつ自分の力で寝ることを促していくと解決につながりますよ。

Question
37

ベビーベッドは
長く使ったほうが
いい?

Answer

 製品の対象年齢であれば、ベビー
ベッドで寝るのが安全です。

Advice

標準サイズ（70㎝×120㎝）のベビーベッドで
あれば24ヶ月まで、ミニサイズ（60㎝×90㎝）な
ら12ヶ月までが対象となっていることが一般的で
す。それまでの間であればベビーベッドを使ったほ
うが安全に過ごせるでしょう。

ただし、床板を1番低くしても立ち上がって乗り
越えてしまったり、転落しそうになったりなど危険
な様子が見られたら使用を中止してください。

その場合、1歳半未満のお子さんはお布団に移行
しましょう。ベビーベッドを再現するなら周りに
ベビーサークルで柵を作るのがおすすめ。1歳半を
すぎていれば、ベッドガードも使用可能になるので、
キッズベッドなどにベッドガードを使用して寝るこ
とも検討できます。

38

あら
あら

くらいの
こわい

子どもは
暗いのを怖がるから、
寝るときも明かりを
つけるべき?

Answer

できれば、真っ暗の方がぐっすり
寝られます!

Advice

　赤ちゃんの場合はまだおばけや幽霊などを想像してしまうこともないため、暗いのが怖いという発想はあまりありません。それよりも光が気になって寝られない、ということのほうが多いため、**できるだけ真っ暗にしてあげるのが推奨**です。

　一方で2～3歳の幼児さんの場合は、暗いとおばけが出る…などと考えてしまって怖がることもあるため、その場合は足元ライトなどをつけてあげると良いでしょう。その際、光源が直接見えると覚醒につながりやすいので、ベッドの下やクッションの裏など直接見えないところに置くことをおすすめします。

　絶対に明かりをつけてはいけない！　ということではなく、**つけても寝られるならそれでOK**なのです。反対に、眠りの妨げになるようなら、消したほうが良いでしょう。

　決まりではなく、様子を見ながら臨機応変に対応していきましょう！

Question

39

遮光は絶対に
徹底すべき？

Answer

絶対に遮光すべきということはありません。寝られればなんでもOK!

Advice

　光は眠りと深い結びつきがあるため、カーテンの隙間からの光漏れで早朝に起きてしまったり、寝つきが悪くなったり…というトラブルは多いもの。もしそうであれば、まずは完璧に遮光をするのをおすすめします。遮光カーテンを等級の高いものにしたり、カーテンの隙間をタオルで埋めたり、マジックテープで貼り付けたりするのも有効です。

　しかし、それを**ずっとし続けなければいけないかというとそうではありません。**どうしても遮光を徹底するとインテリアを害してしまいがち。そこまでせずとも寝られるようなら、完璧な遮光などしなくてもOK！

　気分の上がるインテリアだって大事です。

　もしかして遮光をしなくても寝られるかも？　と思ったら、カーテンの隙間を埋めているタオルやテープを1つ、外してみてください。大丈夫そうならまた1つ外す…とやってみると良いですよ。

Question

40

温めてあげると
安心して
寝やすくなる?

Answer

体から熱を逃してあげると、眠気
がやってきます!

Advice

　毛布にくるまったり、足を温めたりすると眠くなる…というイメージを持っている方が多いのですが、それには実はちょっと誤解があります。

眠りにつくためには体から熱を出して、深部体温（体の中のほうの体温）を下げる必要があるので、温めてしまうと寝づらくなってしまうのです。

　夏は早めにエアコンをつけて寝具を冷やしておくと、体の熱が奪われて眠りにつきやすくなります。冬もあたためすぎには注意、寝るときに靴下は基本的に不要です。

　そのため、「温める」という動作を使うなら、この熱が奪われると眠気がやってくるという仕組みをうまく活用すると眠りをスムーズにすることができます。

　例えば、お風呂でホカホカになった体温が、ちょうど下がってきたタイミングで布団に入ると、体温が下がる勢いに乗って寝つきやすくなります。お風呂からあがって45分〜1時間くらいで寝床につくのがおすすめです◎

エアコンは
体に悪いから
使わないほうが
いい？

Answer

室温の管理は大切！ 赤ちゃんのため
に、ぜひ使ってあげてください！

Advice

　赤ちゃんを思えばこそ、体に悪いかな？　と心配になってしまうかもしれませんが、エアコンは使わないほうが危険です。特に**夏は28度以上になるなら室内でも熱中症のリスク**があります。寒すぎるほどにする必要はありませんが、快適に過ごせる室温設定が大事です。

　赤ちゃんは大人よりも暑がりなので、生後4ヶ月以降は大人よりも1枚少なめに着せてあげるように考えてみてください。

　この室温と服装のバランスも考えすぎるとこんがらがってしまうポイントなので、とにかく“**大人が快適に過ごせる**”ということを意識してみてくださいね！

　エアコンを使用する際に注意したいのは、**直風を当てないこと**。どうしても当たってしまう場合は後付けのエアコンウイングなどを活用してください。

　そして意外と汚れているので、季節の変わり目にはこまめに掃除をしましょう！

42

おくるみを使うと
股関節に悪影響？

Answer

必ず悪影響ということではありません！

股関節に安全な製品を選びましょう。

Advice

　世の中には「おくるみは股関節脱臼につながる」という指摘もありますよね。実際、モンゴルの伝統的なおくるみが、発育性股関節形成不全につながるという研究論文があります。しかし、これは足をまっすぐにする形だからです。

　昨今のおくるみには安全性に考慮して、股関節が十分に曲がるように作られているものも増えています。国際発育性股関節形成不全協会の認定※を受けている製品もあります。

　ただし、**寝返り後は使用できないものが大半のため、寝返りの兆候が見られたらおくるみ卒業に向けて働きかけましょう。**

※股関節に対して健康的な商品の認定もおこなっている専門団体

【おくるみ卒業方法 3つのパターン】

①半ぐるみ（大きい1枚布タイプのおくるみの場合）

片手、もしくは両手が出るように巻き方を変えて練習をします。

②片手出し（ジップアップタイプのおくるみの場合）

袖のチャックを少しずつ開けていったり、片手ずつ外していく練習をします。

③時間差

寝かしつけの際はおくるみをして、眠りが深くなったらおくるみから手を出して徐々に慣らします。

43

おくるみは
昼寝には着せない
ほうがいい？

Answer

昼寝には着せてもかまいません。
1日中着せっぱなしは
避けましょう。

Advice

　おくるみを昼寝に着せてはいけないというルールはありません。

「昼夜の区別をつけるために…」と昼寝時にはおくるみを着せないようにされている方もいて、それはそれで良いことなのですが（着せずに寝られるなら、卒業時の苦労もないのでそれにこしたことはありません）、そのせいで長く寝られずに苦労しているなら着せてみても良いのではないでしょうか？

　そのほうがよく眠れることも多いでしょうし、着せること自体はまったくかまいません。親子共に安眠・安らぎの時間を得るために、頼れるものには頼ることも大切です♪（布団に下りて寝てくれれば、ほんの僅かですが一息つけますもんね！）

　ただし、1日中起きているときも着せっぱなしでは発達のためにも良くないため、起きたら脱がせて、手足を舐めたり動かしたりしやすいようにしてあげてくださいね。

掛け布団は
寒ければ
かけたほうがいい?
温めないとかわいそう?

Answer

 寒くても0歳児には掛け布団は
危険!

暖房器具とスリーパーを活用しましょう。

Advice

　寒いと布団をかけてあげたくなるのが親心ですよね。しかし、その掛け布団で、赤ちゃんが窒息してしまうリスクがあります。赤ちゃんのことを思えばこそ、**掛け布団は、少なくとも0歳のうちは避けましょう。**

　1歳をすぎて、顔にかかったものを振り払えるようになったり、うつ伏せで苦しければ体や顔を自在に動かして避けることができるようになれば、薄手のものなら検討は可能になってきます（でもどうせ剥いでしまうのでスリーパーのほうがおすすめです）。厚手の布団は、重みで動けなくなる危険性があるので避けましょう。

　寒い冬はエアコンなど暖房器具で室温調整を。寒い地域なら中綿入りのスリーピングバッグなどを活用するのも良いでしょう。電気毛布は過度な体温上昇を招き、危険なためNGです。

Question

45

赤ちゃんの安眠には ホワイトノイズが 絶対に必要?

Answer

音が気になって起きてしまう場合、
ホワイトノイズは有効です。
でも、**なくても眠れるなら使わな
くてOK!**

Advice

　　ホワイトノイズとは赤ちゃんの安眠につながる音と言われているノイズのことを指します。周りの騒音をかき消す効果や低月齢の赤ちゃんに胎内を思い出させて安心させる効果が期待できます。

　　ただし、それが必ずしも部屋になくてはいけないか、といえばそんなことはありません。**ノイズがなくても寝られるならそれで良いのです。**

　　また、ホワイトノイズの悪影響を心配される声もよく聞かれますが、そちらも音量と距離に気をつけていただければ神経質になる必要はありません。
　　音量は50dB程度で、頭からは2mを目安に可能な限り離して使用するようにしてください。60dBを超えていたからといって、すぐに悪影響が出る！などということはありませんよ。特に昼寝の間など、生活音が大きくなるときはホワイトノイズの音量を少し上げていても心配ありません。

Question

46

頭の形のために
枕は使ったほうが
いい？

Answer

むしろ窒息要因になって危険！
使うなら起きているときに使いましょう。

Advice

　赤ちゃんの頭の形を気にされる方は多く、SNSなどでは「枕を最初から使っておくべきだった」「枕を使わなかったことを後悔した」などという書き込みも見られます。

　こういったものを目にすると、赤ちゃんには枕を用意してあげなくてはいけない！と思ってしまいがちですが、**枕のようなやわらかいものが寝床にあることは、赤ちゃんの窒息リスクにつながってしまいます。**

　寝ているときは使用せず、枕を使用するなら起きているときにしましょう。それ以外でもタミータイム（うつ伏せ遊び）を積極的に導入したり、日中過ごすベッド内での頭と足の位置を反転させるだけでも向きグセを治すことが期待できますよ。

47

赤ちゃんの
ごっつん防止に
ガードをつけたほう
がいい?

Answer

やわらかいものは窒息要因に
なりかねません!
まずは安全第一です。

Advice

「頭がぶつかってかわいそう」と思われたり、周りの人に言われたりしてしまうこともあるかもしれませんね。たしかにあまりに強い勢いでぶつかるのは心配です。

ですが、そういったごっつん防止のための製品である**ベビーベッドバンパー類はアメリカでは乳児の安全睡眠法によって禁止**されています（※メッシュタイプは除く）。日本ではまだまだ売られていますが、海外の最新情報を知っておくことも大切です。

子どもはかしこいので、おおよそどのくらい動けばぶつかってしまうのか、どのくらいの勢いでぶつかると痛いのか、体の感覚として覚えていくことができます。

強い勢いでぶつかってしまううちはそばについて見守ることを推奨しますが、徐々に慣れてくるのを待ってみても良いかもしれません。

ベッドガードを
つけていれば
大人のベッドに
寝ても安全？

Answer

ベッドガードの使用は
18ヶ月から！
それ以前は布団やベビーベッドを使い
ましょう。

Advice

　SNSでは「転落防止のためにベッドガードをつけました」などという発信を見かけることは多くあります。ですが、**ベッドガードの使用はSG基準で18ヶ月からと決められており、それ以前の使用はマットレスとの間に挟まったりする事故の要因に**なります。

　誰もが愛する我が子の安全を思ってした行動でしょう。知らずに我が子を危険に晒してしまっていてはショックですよね。専門家になる前の私自身も、安全だと思ってベッドガードを使用していた経験があります。

　実際の事故事例をもとに、日本小児科学会や消費者庁も注意を呼びかけています。
　添い寝がダメなわけではありませんよ！　添い寝をするなら布団を使用すれば良いのです。

寝る前の絵本は
同じ1冊に
決めなきゃダメ?

Answer

1冊に決める必要はありません。
毎日、その日読みたい好きな本
を選んでOK!

Advice

　ルーティーンだからと毎日同じ本に決めなくて大丈夫。**お子さんがその日読みたいものを選んでいただくほうが、満足感も高まってスムーズな眠りにつながることも考えられます。**

　また、「おやすみ系絵本」でないといけないか、と気にされる方も多いのですが、気にせずお子さんが選んだもので良いですよ。内容が冒険するようなワクワクするお話でも構いません。

　ただし、1つだけ注意があります。お子さんが読んで怖い気持ちになるようなものだけは避けると良いでしょう。具体的には、誰かが死んでしまうような話や、怖い絵で幽霊やおばけが出てくるようなものなどです（お子さんがそれを好きで平気なら構いません）。

　イメージを引きずって寝るのが怖くなってしまったり、怖い夢を見てしまったりすることも考えられるので、寝る前はできれば楽しいお話で笑い合えると良いですね。

50

YouTubeや
テレビは絶対に
見せては
いけない？

Answer

 ルールを作って、適度に楽しむ分
にはOK!

「２歳までテレビを見せないほうがいい」「YouTubeは悪影響」…。そんな声を聞くと、ただでさえ良くないとわかっているのに、動画に頼ってしまうことにさらに罪悪感を覚えてしまいますよね。

　でも、なんでも「白か黒か」ではないでしょう。**見せ方（例：小さい画面に一人で見入ってしまうスマホではなく、テレビなど大きい画面で一緒に楽しむ）やルールづくり（例：お風呂に入った後は画面を見ない）**などで工夫して、便利なものを上手に活用することも私は大事だと思っています。

　私自身、自分がYouTuberというのもあり、子どもたちはYouTubeをルールの中で楽しんでいますし、私たち親も一緒に見ながら動画について会話するようにしています。

　動画コンテンツの力を借りずに育児している方は素晴らしいと思います。**でもできない自分を責めないで！**　親子共に元気にそこに生きているだけで、十分頑張っているし、素晴らしいことなんですからね。

安全なお部屋と
ねんね上手の関係性

「赤ちゃんに安全が大切なのはわかる。けれども、それと
ねんねが上手になることと、何の関係があるの!?」

　と疑問を持たれる方は多いはず。しかし、安全な寝床で
あることは赤ちゃんがねんね上手になることに大きく関係
します。なぜなら、安全性は"赤ちゃんを一人にして見守
れるかどうか"に関わってくるためです。

　もしも、大人のベッドで寝ていて、赤ちゃんが転落し
そう! となったら? また、赤ちゃんが泣きながら掛け布
団にもぞもぞ潜っていってしまったら?「助けに行かない
と!」と思いませんか?

安全でないと"ついつい手が出る"のです。

　でも、安全な環境で寝られていて、お腹も空いていない
しおむつも汚れていないことがわかっていれば、泣いてい
ても見守ることができます。

　泣いてもすぐに親が駆けつけず、何とか自分で眠りに戻
ろうと努力をしてみる…、そうすることによって、自分で
泣き止んだり眠りに戻ったりする力がつきます。こうして
ねんね力を育むことができるのです。

　だからといって、長時間そのままにしておくのが正義!
というわけではありませんよ。P30(Q9：泣かせないとね
んねは上手にならない?) も参考にしてくださいね。

5章

「みんなで朝までぐっすり寝たい!」

ねんねと家族のお悩み、お答えします!

51

今日は
パパと
寝よう♥

えっ

パパが
寝かしつけ
できないのは
仕方ない?

Answer

仕方な…くはないです!
コミット次第で結果は変わります。

Advice

　仕事が忙しいパパだと日頃はほとんど赤ちゃんと接する時間がない…ということもあると思います。そういった場合、パパよりもママが大好きになるのは当然のことです。でも、だからといって寝かしつけができないかというと、そんなことはありません。

　出勤前の時間やお休みの日に、**まずはパパと赤ちゃんの１対１の時間を作って信頼関係を構築するところからはじめましょう。**ママも一緒にいるときは、笑顔でパパに赤ちゃんを渡して「だいじょうぶだよ」と微笑みかけてあげるのも有効です。

　ある程度、パパもワンオペでお留守番やお散歩ができるくらいになったら、寝かしつけにトライ！**ママも任せると決めたら、最後まで任せましょう。**途中でママがヘルプに入ってしまうと「やっぱりママじゃなくちゃダメだ」と赤ちゃんもパパも思ってしまいます。

　泣き声が聞こえてもママはじっと我慢…もしくは気晴らしにお出かけしてしまっても◎

　ママがいないほうが「ママがいるのになんでパパ？」と赤ちゃんは混乱しないで済むかもしれませんよ！

パパのほうが
寝かしつけが
上手…
ママが
下手だから？

Answer

上手・下手なんて多少の差。
パパと比べて落ち込まないで！

Advice

「ママなら寝るけどパパでは寝てくれない」という方が多いのですが、反対のパターンも実はちらほらとご相談いただきます。そういった状況だとママは、「私といる時間のほうが長いはずなのに、パパの方が寝かしつけが上手で落ち込んでしまう…」と悩んでいたりします。ちなみに私自身、自分よりも実母のほうが寝かせるのが上手で悩んだ経験があります。

ですが、落ち込む必要はまったくありません。**ただの相性や好みの問題**ですからね。パパのほうが身体ががっしりしていて安定感があるから落ち着く、ということもあるかもしれませんし、ママ以外の人の方が母乳が分泌していない分、匂いがしなくて飲みたくならない…などということもあるかもしれません。

特に**夜間断乳など母乳をやめていく際は、パパが活躍するチャンス**ですよ。頼れるときには頼っていきましょう。

他の人と上手下手を比べるのではなく、先月の自分、先週の自分と比べて少しでも進んでいこう！という考え方になると、気持ちがちょっとラクになるのではないでしょうか？

Question

53

上の子と
同室で寝ていたり
双子だったりする
場合、
ネントレは無理？

Answer

状況に応じてやり方があります！
その方法でこれまでに多くの方が
ネントレに成功していますよ！

Advice

　同室に複数子どもがいるから泣かせられない…という場合、やり方は2通り考えられます。

①部屋を分けて練習する
②泣かせない方法で練習する

　複数部屋がある場合は、上の子（双子の場合は練習しないほうの赤ちゃん）に一定期間別室に寝てもらうようにして、泣いても気にならないようにして練習することができます。　練習が終わり、ある程度眠れるようになったら別室にしていた子をまた同室に戻してOKです。

　別室にするのが難しく、同室に寝ている状態のまま練習をする場合は、できるだけ泣かせない方法で少しずつサポートを弱め、段階的に練習するのが良いでしょう（※巻末の抱っこ／添い乳卒業STEP参照）。就寝時間を少しずらして、最初の就寝時だけは10分ネントレ（※巻末付録参照）などをしていただくのもおすすめですよ。

Question
54

上の子の送迎で昼寝が中断させられてしまうなら、夜泣きも仕方ない?

Answer

十分な昼寝が取れないのなら、
遅い時間でも昼寝をさせてあげれば
夜泣きリスクは軽減できます。

Advice

　上のお子さんがいると、赤ちゃんにあわせたスケジュールでは動いてあげられないですよね。ちょうどスヤスヤお昼寝をしているところなのに、お迎え時間で起こさなければいけない…などということもよくあります。

　もし可能であれば、抱っこ紐やベビーカーで早めに家を出て、寝かせながらお迎えに行くなども良いでしょう。
　でもなかなか落ち着いて寝られずに寝不足なようであれば、**ちょっと遅い時間でも（18時以降など）思い切って昼寝させてしまう方が夜泣きは防ぎやすいです。**

　赤ちゃんの生活リズムも刻一刻と変わりますし、就寝時間が少し遅めになってしまってもあまりこだわりすぎずに一時的なものだ！　と割り切ることも大事ですよ。

Question 55

ママ
いっしょにねよっ〜

上の子が
赤ちゃん返り!
上の子を優先
できていないから?

Answer

「上の子優先!」なんて、常にできるわけがなし! 現実的に生きよう。

138

Advice

「赤ちゃんが生まれたら、上の子を優先しましょう」
といった言葉を聞くこともありますが、これは現実
的にはなかなか難しいもの。

　赤ちゃんは大声で泣くし、放っておいても泣き止
まないし、その泣き声はママをイライラソワソワさ
せてしまいます（産後は脳がそういう構造になる）。
上の子を優先しようにもできないのです。

　多かれ少なかれ、みんな赤ちゃん返りはします。
今までいなかったライバルが家に現れて、大好きな
ママやパパの目線や手を奪っていくわけですからね。
当然なのです。

　現実的な策として、私が実践して良かったのは、

★あなたが一番大好き♡をこっそり伝えるハンドサ
　インをつくる

★下の子と寝かしつけを時間差にし、下の子が寝た
　後にたっぷり愛を伝える

★上の子と遊んでいる途中に下の子が泣いていたら
　「泣いてるね〜どうする？」などと育児を一緒に
　するパートナーとして相談する

という方法です。ぜひ試してみてください。

56

パパとママの寝かしつけ方法が違っても大丈夫?

Answer

同じにできればベストですが、違っても
大きな問題はありません!

Advice

　パパだけでなくバアバなど、ママ以外の人が寝か
しつけをするときにママとの違いが気になってしま
うこともあるでしょう。特にママが「なるべく抱っ
こをしないように」と気をつけているのに、パパや
バアバは「抱っこしたほうが早く寝るよ！」と抱っ
こしてしまって、「せっかく頑張ってるのにいいい
い！」とトラブルになってしまうこともあるかもし
れません（そういうご相談、何度も受けています）。

　**でも赤ちゃんは賢いので、今日は誰が寝かしつけ
担当かわかっています。** そして、その方法が人によ
って違っても、その違いを認識することはできます。
　とはいっても、赤ちゃんはいつも通りが大好きな
ので、同じ就寝ルーティーンをして同じ方法で寝か
しつけるのに越したことはありませんが、**結果寝て
くれればなんでもOK**です。
　ママを増員することはできないので、他の人の手
を借りられる（そしてそれが自分のやり方と違って
も目をつぶる）心の余裕もとってもとっても大事で
すよ。

おしゃぶりで寝るのを卒業する方法

①おしゃぶりをやめることを説明する

赤ちゃんに変化を起こす場合は事前に説明をすることをおすすめします。

なぜおしゃぶりをやめるのか、いつからおしゃぶりをやめるのか、繰り返し説明するようにしましょう。

目安はやめる1週間以上前から。カレンダーに×をつけるなどすると言葉のわからない赤ちゃんにも視覚的に伝わりやすくなります。

言葉のわかる月齢の子であれば、「もう〇〇ちゃんは赤ちゃんじゃないからやめていこうね。これは赤ちゃんのだからね」などと声がけしてあげるのも有効です。

②寝かしつけ時は使用、夜間は与えない

いきなりすべてを変更するのが不安な場合、まずは入眠時の使用は残して夜間のみ与えないことにチャレンジしてみましょう。

おしゃぶりによる乳幼児突然死症候群の予防効果（があるとされています）は、この使用方法でも継続するとされているので、リスクの高い期間とされる生後6ヶ月以下の赤ちゃんには特にこちらの方法がおすすめです。

どんなに説明されていても、今まで頼りだったおしゃぶりがなくなるのは赤ちゃんにとっては不安なこと。ギャン

泣きしてしまうこともあると思います。

　でもそれは一時的なこと。赤ちゃんは私たち大人よりもよっぽど順応性が高く、新しい環境を受け入れることに長けています。「やっぱりあげようかな…」というのが最も赤ちゃんを混乱させてしまうので、泣かれても一時的なことと毅然とした態度で臨みましょう。

③寝かしつけ時から使用しない

「寝る＝おしゃぶり」という結びつきをなくすためには寝かしつけ時から使用をやめていくことが必要になります。

　②の方法で行っても泣きが強くてあやすのが難しい場合は、きっぱり寝かしつけ時からやめてしまうのが赤ちゃんにとってもわかりやすくておすすめです。

　安心材料が1つなくなってしまうことになるので、日中や寝る前のスキンシップを増やし、安心感を与えるようにしてあげましょう。

　練習し始めの頃は抵抗があると思いますが、赤ちゃんは順応性のかたまりですので新しいルールになれるのも得意です。やると決めたら、その意志を貫けば必ず卒業できますよ！

　だから卒業を決めるそのときまでは、せっかく力を借りるなら罪悪感を持たずに使っていても良いと、私は思いますよ！

ねんねに役立つ
アイデア集

ここではねんねに役立つアイデアを紹介します。
「なにをしても寝てくれない！ 困った！」というとき、ぜひ試してみてください！

☑ IDEA 1 自分で電気を消してもらう

ねんねするときの消灯は、お子さん自身にやってもらうと「これから寝るぞ〜」の納得度が上がりますよ♪

電気を消されると泣いちゃう子、ぜひお試しあれ！ まだ自分で消すことができない場合は、抱っこしてスイッチのところに連れていき、手を持って一緒に押すのも◎

☑ IDEA 2 入念なバイバイ

これまでは「おやすみ〜」の声がけでセルフねんねできていたのに、寝室から親が出て行こうとすると、急にギャン泣きするようになってしまった！ ということ、実はよくあります。

成長に伴って（自我の発達が影響しているケースが多いです）のことなので、「下手になってしまった！」と焦らず、成長の一環だと理解してイチャイチャタイムを長めにとってあげましょう。

目標の時間よりも早めに寝室に入り、お子さんが満足するまで（とはいえ限度もありますが）いつもより長めにスキンシップをしたり、

お話をしたり、絵本を読んだりする時間を設けてみましょう。納得できると、バイバイできることもでてきますよ！

IDEA 3 暑い日には先に寝室を冷やす

　眠りと体温には深い関係があります。人間の体は眠るときに、深部体温という体の内側の体温を下げて眠りにつくようにできています。
　暑い日には早めにクーラーをつけて寝室を冷やし、寝具をひんやりさせておくと、体にこもった熱が奪われて、スムーズな入眠につながりますよ♪

IDEA 4 歯ぐずり対策

　歯が生えてきたときの痒みは、私たち大人の想像以上に睡眠に影響します。急に寝つきが悪くなった…というときは、新しい歯が生えてきていないか、お口の中を覗いてみてください。もしも歯ぐずりしているようなら、冷やしてあげるのが有効。濡らしたおしぼりを固く絞って冷凍庫に入れると、つめたい歯固めの出来上がり。これを寝る前に噛ませてあげるのがおすすめです♪

IDEA 5 かわいいんだから♡を文末に

　どうしてもイライラしてしまうことはあります！　親だって、人間ですからね。でもそんなときに、強い言葉を子どもにぶつけてしまうと子どもが悲しい顔をしてしまうことも。そんな姿を見て、自己嫌悪してしまうこともありますよね。
　"あ、口が滑って強い言葉が出てしまった！"と思ったときは、すぐその後に「もう〜かわいいんだから♡」と付け足してみてください。
「もう！　早く寝てよ！　…まったく、かわいいんだから♡」

「やめてよ！　…もう、かわいいんだから♡」
　ほら、なんだかイライラの気持ちも緩和されませんか？

上のお子さん向け

☑ IDEA 6　下の子と一緒に寝るか選んでもらう

　赤ちゃんが夜泣きをするから部屋を分けたくても、「どうしてもママと寝たい！」ということもあるでしょう。
　そんなときは選択肢を出して、上の子に選ばせてあげてください。
「赤ちゃん泣いちゃってうるさいかもしれないけど、ママと一緒に赤ちゃんもいる部屋で寝る？　それとも、パパと一緒に静かに別の部屋で寝る？」などのように提案して、自分で決めると、泣いたりぐずったりせずに素直に寝てくれやすくなりますよ♪

幼児さん向け

☑ IDEA 7　ルーティーンチャート

　幼児さんになってくると、何かと理由をつけてなかなか寝室に行きたがらない…というお悩みが出てくることもあります。そういうときは、寝るまでの流れを壁にイラストに描いて貼ってみてください。
例：お風呂 ▶▶飲み物を飲む ▶▶少しだけおもちゃで遊ぶ ▶▶寝室に行く ▶▶絵本を読む ▶▶電気を消す
　こういった流れをポスターにして、一緒に指差し確認してみると、子ども自身が「次は寝室に行って絵本だね！」というように動いてくれやすくなりますよ♪

幼児さん向け

☑ IDEA 8　おばけが嫌いなシュッシュ

　スプレーボトルにお水を入れて（信憑性を増すためにちょっとだけアロマオイルなどを垂らしても◎）、「この匂いはおばけが嫌いな匂いなんだよ〜おばけバイバイできるよ」などと伝えます。

幼児期になっておばけを意識するようになり、「一人がこわい」「ママ一緒にいて…」などと言い出したときにはお試しを♪

☑ IDEA 9 寝る前の遊び、どっちにする?

幼児期になって自我が強く出てきて、「まだ寝たくない!」と寝室に向かわせるだけで泣いてしまう子には、「ねんねの前に遊ぶの○○と△△、どっちにする?」と聞いてみてください。もし「どっちも!」

と答えが返ってきたら、両方してあげてもOK。答えを出した時点で、それが寝る前の遊びだ(=この後は寝る)ということは受け入れたことになります。

人間の心理的に、人から言われると反発しがちなのですが、自分で決めたことは守りやすいのです。納得度が上がって、スムーズに寝室に誘導することにつながりますよ。

☑ IDEA 10 眠くなるゲーム

しりとりができるくらいの月齢になったら、眠れない夜に有効な方法です。

はじめに2文字か3文字くらいの単語を決めます。お子さんのお名前やお友だちのお名前でも良いでしょう。

たとえば「はるか」だったら、まずは「は」からはじまる言葉をたくさん考えて出していきます。ママやパパと交互に言っていくとお子さんは楽しめると思います。「は」で思いつく言葉がなくなったら、次は「る」から始まる言葉を言ってきます。そうするうちに、もう眠くなって寝てしまう…ということが期待できます◎

これは「認知シャッフル睡眠法」という大人にも有効な眠りにつく方法ですよ♪

ねんね早見表

活：赤ちゃんが元気に活動できる時間（＝次の寝かしつけのタイミング）
昼：1日トータルの昼寝時間　　昼回：昼寝の回数

年齢	活	昼	昼回
新生児	～1.5時間	4～7時間	たくさん
1ヶ月	～1.5時間	4～7時間	たくさん
2ヶ月	～1.5時間	4～6時間	4～5回
3ヶ月	1.5～2時間	4～6時間	3～5回
4ヶ月	2～2.5時間	4～5時間	3～4回
5ヶ月	2～2.5時間	3～5時間	3～4回
6ヶ月	2～3時間	2.5～4時間	3回
7ヶ月	2.5～3.5時間	2.5～4時間	3回
8ヶ月	3～4時間	2.5～3.5時間	2～3回
9ヶ月	3～4時間	2.5～3.5時間	2～3回

年齢	活	昼	昼回
10ヶ月	3〜4時間	2〜3時間	2回
11ヶ月	3.5〜4.5時間	2〜3時間	2回
12〜15ヶ月	4〜5時間	2〜3時間	1〜2回
16〜36ヶ月	〜6時間	2〜3時間	1回

『時間厳守病』にならないこと!（もちろん医学的な病名ではありませんが…）

この時間にこだわりすぎると、お子さん本人よりも数字に目がいってしまいがち。子どもが元気で機嫌がいいならなんでもOK！
個人差も時間による差もありますし、その日何をしていたかによっても活動時間や必要睡眠時間は変わります。これはあくまで目安で、ご本人の様子を第一にしてくださいね。

思うように昼寝ができなかったときは…

①夕寝でカバー　②2〜3日スパンでカバー
このどちらでもOK！
1日ごとに「できた」「できない」と考えるのではなく、「疲れていそうなら昼寝させる」「前の日疲れたなら今日はおうちでゆっくりする」など、臨機応変に考えてくださいね！

快適に眠れる環境チェック表

安全性

- ☐ 赤ちゃん専用の寝床である
- ☐ 転落の心配がない
- ☐ 掛け布団や枕を置いていない
- ☐ クッション性のあるものを置いていない
- ☐ ぬいぐるみを置いていない
- ☐ 固めのマットレス（布団）である
- ☐ シーツはぴったり固定している
- ☐ 手の届く範囲に小物などがない
- ☐ ベッドガードを使用していない（18ヶ月未満）
- ☐ 厚みのあるベッドバンパーを使用していない

光・音

- ☐ 遮光カーテンを使用している
- ☐ カーテンの隙間から明かり漏れがない
- ☐ ドアの隙間から明かり漏れがない
- ☐ 豆電球など視界に入るところの電気がついていない
- ☐ 家電（エアコンやベビーモニター）の動作ランプも遮光
- ☐ 授乳ライトなどは光源が直接目に入らないところに設置
- ☐ 授乳ライトの色は暖色
- ☐ 寝る前は段々と明かりを暗くできている
- ☐ テレビやスマホなどを寝る直前に見ていない
- ☐ 音が気になる場合はホワイトノイズを使用（50dB程度が基準）

室 温 と 服 装

☐ **快適な室温になっている**
※大人が快適な室温が基本
春秋20〜22度、夏25〜27度、冬18〜20度が目安

☐ **快適な湿度になっている**
※40〜60%が目安

☐ **室温にあった服装ができている**
※表もあくまで参考までに！

15〜17℃	18〜21℃	22〜23℃	24〜25℃	26℃〜
肌着 + 長袖パジャマ + スリーパー （フリース素材など）	肌着 + 長袖パジャマ + スリーパー （4〜6重ガーゼ）	半袖パジャマ or 薄手の 長袖パジャマ + スリーパー （4〜6重ガーゼ）	肌着 or 半袖パジャマ + スリーパー （ダブルガーゼ）	肌着 or 半袖パジャマ

0〜3ヶ月の赤ちゃんの場合

ある程度、夜は寝て昼は起きるというリズムを赤ちゃんが獲得する
（昼夜の区別がつく）までは、日中は明るくて生活音もするところ
で過ごすと◎
早いと1ヶ月半くらいからは、昼寝も暗いところで始められます。
服装表は大人-1枚を基準に作成しています。新生児の場合は、大
人+1枚、1〜3ヶ月は大人と同じくらいが基準となります。

抱っこで寝かしつけ
卒業STEP 〔10分ネントレ〕

STEP **0** ❸ 説明

夜の就寝時に行います。いきなりはじめるのではなく、これからどう変化を起こすのか、相手が赤ちゃんであってもしっかり説明をしましょう。心の準備をしてもらいます。

STEP **1** ❸ まずはベッドに下ろす練習

「あなたの寝床はここだよ」と教えるのが目的です。

❶就寝ルーティーンをしたら、まずはベッド（布団）に下ろします。

❷そのまま2～3分は見守ります。
（トントン・声かけは刺激にならない程度にOK）

❸泣き止まなそうなら抱っこし、
　落ち着いたらまたベッドに下ろします。

❹❷❸を2～3回繰り返す

※2～3回繰り返しても眠れなければ
いつも通り抱っこをして寝かせて着地

> **POINT** ①眠れそうならそのチャンスを逃さないこと！ 「うーうー」くらいなら、もうちょっと見守ってみて！
> ②3回以上繰り返すと背中スイッチが敏感になるので、2～3回で切り上げるのがポイント！

STEP 2 → 着地時間を伸ばしていく

STEP1で「2〜3分」だった見守りを「5〜6分」「10〜15分」などと少しずつ伸ばしていきます。

同時に、抱っこを少しずつ短くして、抱っこで寝てしまう前に下りて寝るチャレンジをしてみます。

これは自分で寝付くことに成功するチャンスを作るためです。まずは1度でも、背中をつけた状態で眠りにつけた経験をすることを目指しましょう。

STEP 3 → 抱っこをやめる

抱っこするのをやめて、終始ベッドに下りた状態で寝られるように練習します。

※決めたらやりぬくほうが赤ちゃんに混乱はないのですが、もし10〜15分様子をみて、どうしてもダメそうなら抱っこを取り入れるのも絶対ダメではないですよ!

STEP 4 → 日中のねんねにも応用していく

夜に安定してベッドで寝られるようになったら、日中のねんねも同様に練習していきましょう。チャレンジは、朝寝→昼寝→夕寝の順に取り組むのがおすすめです。

添い乳で寝かしつけ
卒業STEP

STEP **0** ➡ 説明

夜の就寝時に行います。いきなりはじめるのではなく、これからどう変化を起こすのか相手が赤ちゃんであってもしっかり説明をしましょう。心の準備をしてもらいます。

授乳でなければ暴れてしまって寝ない場合はどうする？

6ヶ月以降は身体も上手に使えるようになるので、抱っこせずとも寝られるようになるはずなのですが（そして重さもあるので抱っこをしないほうが推奨ではありますが）、もし泣いて暴れてしまう場合は、まずは抱っこしても◎。とにかく授乳以外の方法を探してトライしてみましょう。抱っこしてもおっぱいを求めて暴れてしまうかもしれません。その場合は、労力がかかる一方なので、見守り・トントンに徹するのも良いでしょう。はじめのころは時間がかかりますが、ここが頑張りどころ！ 子どもは賢いので、新しいルールは必ず覚えて、寝られるようになりますよ。

STEP **1** ➡ 夜の就寝時は添い乳をやめる

飲むことと寝ることを切り離すことが目的です。そのため、就寝ルーティーンの順番を変更し、授乳の順番を前にします。
※この段階では夜中はまだ添い乳で寝かせていて〇Kです。

例 **お風呂** ▶▶ **スキンケア** ▶▶ **絵本** ▶▶ **授乳（添い乳）** ▶▶ **就寝**

⬇⬆

お風呂 ▶▶ **スキンケア** ▶▶ **授乳（座り）** ▶▶ **絵本** ▶▶ **就寝**

> **POINT** 授乳のあとに別のアクションを挟む！

STEP 2 → 夜中に起きたときの添い乳もやめていく

夜中に起きたときでも、飲まなくても再入眠できる力を身につけることが目的です。

［夜間授乳が必要な場合］

授乳のタイミングは起き上がって座って授乳をして、飲み終わったら（寝落ちていてもOK）ベッドに置くように習慣を変える。

※このときふっと一瞬目を覚まして、そこから自分でモゾモゾしたり、トントン程度のサポートで入眠できるのが理想ですが、寝落ちするとダメということではありません。

［授乳タイミング以外 or 夜間断乳する場合］

授乳以外で寝かしつけるルールだけは徹底しましょう◎
はじめのうちは、P152のSTEP1と同様、抱っこを入れても良いですよ。

> **POINT** 泣いて泣いて、その後に「○時間も泣いてしまったからやっぱりおっぱいで…」という対応は混乱を招きます。泣き出したときに、「この回は飲ませない」と判断したのなら、それを貫きましょう。がんばれ！！！！

STEP 3 → 昼寝にも応用していく

夜が安定的に添い乳卒業できてきたら、日中にもトライしていきましょう。昼寝は寝づらい時間帯なので、焦る必要はありません。夜のように夜泣きにつながるなどの悩みがないならそのままでもかまいませんよ！

ねんねトレーニングのやり方

トレーニングを始める前に

トレーニングができる条件が整っているか、必ず確認してください。早くできればえらいということはありません！「やった先に家族の幸せが見えるかどうか」が大事です。付録3の10分ネントレ含め、ご自身に合ったものを選びましょう。

［条件］

★生後6ヶ月以上であること（早産の場合は修正月齢）

★体重が右肩上がりに増えており、成長曲線内にいること

★持病や通院中の病気がないこと（医師の指示を仰いでください）

★安全な睡眠環境が整えられていること

★月齢に合ったお昼寝がとれていること

★就寝前の連続起床時間が長すぎていないこと

★最低3週間は旅行や保育園入園などの環境変化がないこと。
そしてよく予告をしておきましょう。当日はいつものルーティーンでベッド（布団）に置くところからスタートします。

【入退室する方法】

※ファーバーメソッド

就寝ルーティーンをしたら赤ちゃんをベビーベッド（布団）に置いて部屋を出る

部屋を出たら泣いている時間を計る

［入室までの時間］

初日：3分 ➡ 5分 ➡ 10分（以降10分ごと）

2日目：5分 ➡ 10分 ➡ 12分（以降12分ごと）

3日目：10分 ➡ 12分 ➡ 15分（以降15分ごと）

4日目：12分 ➡ 15分 ➡ 17分（以降17分ごと）

5日目：15分 ➡ 17分 ➡ 20分（以降20分ごと）

6日目：17分 ➡ 20分 ➡ 25分（以降25分ごと）

7日目〜：20分 ➡ 25分 ➡ 30分（以降30分ごと）

入室したら1〜2分間なだめる

※抱っこはしません

この1〜2分で寝かしつけるのではないので注意

寝つくまで繰り返す

夜間も基本的に同様の対応をする

これを2週間は継続する

【離れながら見守る方法】

※スリープレディーシャッフル

就寝ルーティーンをしたら赤ちゃんをベビーベッド（布団）に置いて親は横に座る

その日の決められたポジションに座る

［親が座るポジション］
1〜3日目：ベビーベッド（布団）の横
4〜6日目：ベビーベッド（布団）とドアの中間地点
7〜9日目：部屋のドアの前
10〜12日目：部屋のドアの外
13日目〜：徐々にドアを閉めた外へ

泣いてしまうなら声かけ ➡ トントン

※抱っこはしません
4〜6日目からは、できるだけ赤ちゃんに触れずに声かけだけであやすように意識

寝つくまで繰り返す

夜間も基本的に同様の対応をする

これを2週間は継続する

【そばで見守る方法】

就寝ルーティーンをしたら赤ちゃんをベビーベッド（布団）に置いて親は横に座る

泣いたり立ち上がったり親にさわってきたりしても、落ち着いたトーンで「ねんねだよ、また明日遊ぼうね」などと声がけ ➡ トントン（なでなで）で対応

※抱っこはしません
トントンやなでなではあくまでなだめるためで、寝かしつけるためではないので注意

寝つくまで見守る

この方法はやさしい分、時間がかかることがあるので、無理のない範囲でゆったり取り組みましょう

おわりに

　世界一、大切な我が子だから。
　頑張っちゃうし、頑張れてしまうんですよね。

　私さえ頑張ればなんとかなる…、つらくて逃げ出したいけど、望んで授かった我が子だから…。
　そんなことを考えているうちに、気づけば身体も心もボロボロだったりします。表面張力みたいにギリギリのところで維持して、もうあとちょっと何かが起きたらこぼれ出してしまいそうな、多くの方がそのような状態で育児をしていたりします。

「肩の力を抜いて」

　そう言われても、抜き方がわからない。どうやって？
　だって、私が力を抜いたらこの子が…。そもそも頑張らなければ結局私が寝られなくて苦労するのに…。
　そう思うと、力を抜くこともできないですよね。抜きどころもわからないですし。

　実際、力を抜くって難しいんです。渦中にいる人にと

ってはどこに余計な力が入っているのかすら、自分では気づけていなかったりするんだから。

　この本を読んで、「もしかして力が入りすぎていたのかな？」そう感じていただけたら第一歩です。まずは力んでいたところを認識してみてください。
　実はそんなに気にしなくてよかったり、他のやり方があったり、焦らずとも順番にやればよかったり、そういうご提案を本書の中ではしてきました。

　意外とね、頑張らなくても子どもはスクスク育ちます。
　子どもは自分で育つ力を持っていますからね。

　私の活動のテーマは「子育てをもっとラクにすること」です。ねんねの正しい知識を伝える…だけではなくて、それを持ってラクになっていただきたいのです。そのために、これからも日々たくさんの子育て中の方と関わりながら、アドバイスを続けていきます。

　この私の想いが本書を通してみなさんにも伝わっていたら、そして少しでもみなさんの子育てがラクになっていたら、とても嬉しく思います。本書を手に取ってくださり、またここまで読んでくださり、本当にありがとうございます。

私にこの活動をはじめるきっかけを作ってくれた娘、そして知識と経験を持って挑んだ2回目の子育てで、あっという間にねんね力を培ってくれて自信と確信を持たせてくれた息子。世界で一番大好きで大切な二人に愛を込めて、本書を締めくくりたいと思います。

　令和5年11月

乳幼児睡眠コンサルタント
ねんねママ（和氣春花）

著者紹介

ねんねママ（和氣春花）
乳幼児睡眠コンサルタント。0〜3歳モンテッソーリ教師。株式会社mominess代表。2児の母。慶應義塾大学卒業後、総合広告代理店に入社。長女出産後、夜泣きに悩んだことをきっかけに小児睡眠について専門的に学び、2019年4月に乳幼児睡眠コンサルタントとして活動開始。YouTube「ねんねママのもっとラクする子育て情報局」（登録者数約10万人※）、Instagram（登録者数約8万人※）などで発信活動。
※2023年10月現在

まるばつ
○×ですぐわかる！
ねんねのお悩み、消えちゃう本

2023年11月25日　第1刷

著　　者　　ねんねママ（和氣春花）

発 行 者　　小 澤 源 太 郎

責任編集　　株式会社プライム涌光

電話　編集部　03（3203）2850

発 行 所　　株式会社青春出版社

東京都新宿区若松町12番1号〒162-0056
振替番号　00190-7-98602
電話　営業部　03（3207）1916

印刷・大日本印刷　　製本・ナショナル製本